NADIE ME DIJO QUE SOÑARA

NADIE ME DIJO QUE SOÑARA

Jesús Miguel Horcajada

© Jesús Miguel Horcajada García

© Imagen de portada: Alejandra Horcajada
© Prólogo: Olvido Andújar
© Fotografía de solapa: José J. Galanes

© Añil desarrollo gráfico, S.L.
Mahalta ediciones es un sello editorial de Añil desarrollo gráfico, S.L.
www.anil.es
www.mahalta.es

Primera edición: agosto 2024

ISBN: 978-84-128976-1-6
Depósito Legal: CR 696-2024

Impreso en España
Diseño y maquetación: Añil desarrollo gráfico, S.L.
Impresión: Safekat, S.L.

UN CUENTO PARA ALEJANDRA

Las palabras que tejen *Nadie me dijo que soñara* son los entresijos de un hogar, los ecos de un grito de auxilio, una mano tendida, el sol de invierno que se cuela tras una ventana fría e, incluso, una lechuza.

No sabes, aún no puedes saberlo, que al adentrarte en sus páginas te vas a adentrar en un sueño, que no es tuyo, pero que acaba pegándosete a las sábanas, al aliento y a los temores. Por mucho que nadie te dijera que soñaras. Querrás, tú también, escapar indemne, pero ya será tarde para ponerse a salvo.

Las páginas en las que te adentras quieren ser *algo así como una novela*, pero son en realidad un monolito para Alejandra, aunque ella no existiera cuando se comenzó a escribir este libro que ahora tienes ante tus ojos, entre tus manos, frente a tu olfato. Todo en *Nadie me dijo que soñara* es ella. Por, para, sobre, con, hacia, de, desde, durante, hacia, a Alejandra. Y ella es poesía porque su nombre es poema, como su sangre, como sus ojos, como sus manos, como sus genes. Y así, en el texto que quiere ser poema anidan, como los pájaros escondidos entre las ramas, los versos disfrazados de novela:

> «De pronto era un murciélago sobrevolando mi cuerpo...»
>
> «Cuándo fue que se hundió la embarcación de lo lógico».
>
> «Nadie me dijo que soñara».

«Qué haré de mi tristeza. Cuentos».
«Hoy me dan un espejo o un micrófono, pero me esconden el cuchillo...»
«El poder destructivo de una expectativa».

Así que una no sabe muy bien si *Nadie me dijo que soñara* es *algo así como una novela*, si es algo así como un poemario, si es algo así como un diario, como un cuento para la hija, *como una corriente de aire frío,* como una carta de amor, como una nana, o algo así como una crónica rural, cruda y amorosa que acaba abofeteada por el desamor, un *locus amoenus* convertido en decepción y pesadilla.

Cuando entramos en el libro, recorremos las gentes y las callejuelas de un pueblo del noroeste de León en el que abundan la vejez y la niñez, por lo que en cada esquina nos cuenta Jesús Miguel, hay una historia que contar. Y él nos cuenta la suya, que es también la de la mujer a la que ama cuando comienzan estas páginas, y es también la de Alejandra, que es la mujer a la que ya amará siempre, incluso cuando se acaben las palabras. Es para ella para quien recolecta los recuerdos, para que no se olviden, como no deben olvidarse las cosas importantes, como los cuentos junto a la lumbre, como las personas que se alegraron de nuestra existencia, como los poemas llenos de porvenir.

Este libro habla del amor, del desamor, de la tristeza, del miedo a traer una vida nueva al mundo, a transitar ciertos paisajes, ciertas personas, de la nostalgia, de los errores, de los sueños, de los cantos de las oropéndolas. *Nadie me dijo que soñara* es también *algo así como una corriente de aire frío*, la segunda parte del libro, la más cruda, porque la poesía siempre da voz a lo innombrable.

«Después de habernos querido tanto, ¿quién y por qué dibuja un monstruo?», nos grita desde el otro lado de la página. Nos interpela, llora tapándose la boca, nos habla de muerte, de desequilibrio, de precipicios, de vacíos, de despedidas y de un gusano que, «a duras penas, logró encontrar su recoveco».

Nadie me dijo que soñara es *algo así como una novela* teñida a cada línea de poesía. Pero también es algo así *como una corriente de aire frío*, un poemario que quiere ser una nana en dos partes: una en prosa, para recordar la dureza de la vida, y otra en verso, para no caer al vacío.

Olvido Andújar

A la memoria de Juan Maestro, abuelo de mi hija.
Y, por ningún motivo particular, a nadie más.

I
Algo así como una novela

1

Si no es fácil salir ileso de un sueño, escapar indemne de un sueño de este tipo es una tarea que se antoja angustiosa, más por el sacrificio que conlleva a mis entrañas enfrentarse de una manera positiva a sus conflictos en las primeras horas de la mañana que por lo intuitivo que acarrea. Claro que también forma parte importante de la honorable historia que me dispongo a narrar el querer o no querer escapar, ponerme a salvo, y yo no quiero.

Cuando comencé a escribir el libro que sostienes —y en el que estás a punto de ahondar, página tras página—, estaba seguro de que escribirlo me valdría para algo. Alejandra, mi hija, ni siquiera había venido al mundo. Tampoco mi corazón estaba todavía desolado. Ni nada de cuanto mis ojos miraban había hecho algo por salvarlo.

Era una lechuza. Ha abandonado el árbol de la esquina con la enormidad que a menudo caracteriza a los seres libres y esa velocidad me traspasaba. Me he levantado rápido del lugar en que por entonces estaba sentado, me atraía la idea de seguirle el rastro, cuando de pronto era un murciélago sobrevolando mi cuerpo a pocos metros. Sé que los pájaros nocturnos son los más hermosos, aprendí a contemplarlos una noche cualquiera. Definitivamente era una lechuza, y luego un murciélago. Sé que la vida es difícil, pero yo me he vuelto a enamorar. Ahora soy nocturno y en la noche puedo quedarme quieto sin esperar el golpe de calavera.

Hoy han vuelto las nubes a las calles de un pueblo que desde que tiene historia ha aspirado a ser ciudad. Finalizada la tarea en el campo me he sentado, como cada tarde antes de regresar, a escuchar el canto de los pájaros que —a saber quién les ha propiciado esos argumentos— tan bonitas cosas me cuentan de ti. Son como niños, de veras, para mí son como los niños que no tengo, como esos niños a los que acostumbras a la golosina y de pronto, a falta de esta, se pillan el berrinche. Así los pájaros cuando se nubla el cielo después de no sé cuántos días de sol y de ternura.

Hace poco más de un mes que me vine a vivir junto a la mujer que tiene la osadía de amarme al pueblo donde ella creció. Es un humilde pueblo en la parte noroeste de León, muy cerca de donde Castilla-León acaba y dan comienzo las tierras de Galicia; es antiguo y pequeño, caluroso en verano y, por lo que he oído, de inviernos crudos y grises. En pueblos como este abundan los viejos y los niños, por lo que en cada esquina hay una historia que contar. Inexplicablemente en cada casa parece haber al menos una mascota y los vecinos muestran amabilidad, tal vez artificiosa, que, afanado en la tarea, aún no he logrado comprender. Tengo veintinueve años y dejé atrás amigos y familiares; recuerdo las anchas llanuras de trigos y cebadas de La Mancha con una gran nostalgia y no quiero que nadie me obligue a olvidar la tierra en que nací, pues soy un tipo de costumbres. He leído muchos libros, y escrito algunos, y curiosamente he comenzado a escribir esta novela cuando el hábito de lectura —perdone el lector mi vulgaridad— brilla por su ausencia. Me defiendo bien en las cosas que me gustan y jamás he presumido de algo que no conozco. Por la verdad, he perdido buenos amigos y no me he arrepentido todavía. Seguir hablando de mí resultaría odioso.

Hace dos días encontré, en casa de Juan, el padre de Patricia, la chica de la que os hablo, una vieja libreta. Es una libreta muy pequeña de esas que todos hemos utilizado alguna vez para anotar la lista del súper o esos números de teléfono que pasado mucho tiempo podemos de pronto hallar entre un montón de inservibles objetos y que hemos olvidado a quién pertenecen, y algo en mí enseguida dio por sentenciado que sería suficiente para escribir las primeras líneas de una serie de cuentos que, finalizado el ejercicio, y os hablo desde la más objetiva cercanía, no han colmado mi corazón ni de satisfacción ni de agrado. Juan es un hombre bueno y generoso, vive con uno de sus hermanos en la casa que vio nacer a ambos y, aunque con lo que estoy a punto de decir no pretendo hacer alarde de un presunto egocentrismo, tengo la intuición de que su estado de salud ha mejorado notablemente desde que me conoce, pero yo prefiero culpar a la alegría de su hija. Mas todo hombre tiene a lo largo de su vida dos momentos en verdad felices: el primero es cuando ve a su hijo nacer, y el segundo es cuando, a través de los ojos de su hijo, le es dada la posibilidad de disfrutar de lo que un padre siempre ha anhelado. Aplíquese la misma regla, o en mayor medida, a las madres. Alguien dijo una vez que no hay mayor satisfacción que el hecho de aceptar la felicidad propia en un alma que no es la tuya. Lo dejé escrito por ahí, quiero decir que fui yo quien dijo y defendió las citadas similitudes. Soy hábil en ese tipo de frases facilonas, tanto que a menudo me he visto envuelto en trampantojos de los que no ha sido fácil salir. Se requiere de distintas peripecias de la memoria cuando pretendes escapar sin daños de la profunda maraña que, casi sin darte cuenta, puedes provocar mediante unas cuantas palabras más enrevesadas de lo que entendemos por común. Volvamos a Juan: me ha cogido mucho cariño y defiende el nombre de su hija por encima de su propio orgullo. Ayer mismo, por la mañana, le dimos la noticia, la gran noticia, la reina de todas las noticias: Patricia está embarazada. Al bueno de Juan se le llenaron los ojos de agua; pude ver sin demasiado esfuerzo cómo sin hacer siquiera ademán de abrir la boca me dijo que tengo que ser valiente, más si cabe de lo que Patricia y yo lo hemos sido al embarcarnos en la locura de criar un hijo sin tener un trabajo estable ni un futuro cierto. Recuerdo de él que siempre estornudaba tres veces. Escribo como quien piensa que mañana no le va a dar tiempo y la idea de que algún día leeré este cuento a Alejandra, nuestra hija, la hija que todavía no tenemos, y eso contando con que sea niña, me entretiene, y así es como olvido qué es lo siguiente que quería contaros.

2

Patricia lee, a mi izquierda, sentada en uno de esos viejos sillones orejeros de piel de imitación siempre mal conseguida. Despertó de la siesta algo cansada después de una noche —¿acaso no viene la noche cada vez que cerramos los ojos?— horrorosa de insomnio y malestar físico, no sé si debido al pesadísimo bochorno que escupía el cielo o al ilógico miedo que provoca saber que llevas en el vientre una vida, y más entendiendo que eres madre primeriza y por mucho que esas otras madres, que parecen expertas, cercanas a nosotros, hayan intentado prevenirte, a veces incluso hasta hacerte sentir irresponsable y arrepentida de no haber usado algún medio de prevención. Despertó de la siesta, digo; entró en el salón, se acercó directamente a coger un libro de la biblioteca y ahí se quedó. *Cuando el mundo era joven todavía*, del suizo Jürg Schubiger. Creo que lo escogió al azar. Años después, mientras escribo esto, lo creo todavía. Es un libro de esos que nunca se sabe bien si están escritos para niños o para adultos; y sé que de un momento a otro va a arrancar a llorar. Sé todo esto porque —y creedme que intento un exacto recuerdo de aquel instante— ella me lee en voz alta y el tono de su voz se torna angustioso por momentos. No pasa mucho tiempo hasta que levanto los ojos de cualquier cosa que en ese momento yo estuviera haciendo, y que ahora no recuerdo, y la miro, y advierto en su expresión que debe estar pensando que preferiría su silencio.

Saber que estás aquí por algo —en este mundo, me refiero—, aprender que tienes un cometido, el cual, casi seguro, has heredado de alguien que, en mayor o menor medida, le ha llevado a alcanzar sus aspiraciones; saber que estás aquí por algo, digo, es un trabajo que se aprende con el tiempo. Cuando miro a esta mujer, cuando pienso en el hijo que gesta en su vientre pienso en ella como en la madre que dejé en el pueblo. Ella, mi madre, estaría orgullosa de saber que de una manera tan hermosa la he traído aquí conmigo, y si bien es cierto que no se está tan lejos de las personas que queremos si recordamos de ellas al menos una cosa buena cada día, quizá todo sean fantasías, y de verdad para conservar el cariño hagan falta unos ojos con que vernos y una boca con que decirnos lo agradable que puede resultar estar de pronto separados hasta de nosotros mismos cuando alguien te está cuidando con el afecto y dedicación que Patricia pone en lo que hace. Además, y esto es aparte, un exceso de nostalgia tuvo en gran medida la culpa de que nuestra relación se rompiera. Mas no es por lo que sucedió luego —no mucho más tarde, y os lo contaré—, no es porque aún no hubiese ocurrido; digo que prefiero no profundizar en un detalle tan horrible.

3

La segunda noche —y no estoy seguro de estar preparado para dar una adecuada sincronía a los acontecimientos, pues ya sabéis que narro esta historia largos meses después, años, si tengo en cuenta las debidas correcciones— no parece haber ido mal; ni las náuseas ni el calor han podido hacer nada frente a su fortaleza. Patricia es una persona valiente, lo que nos ocurre a los seres humanos es que no somos conscientes de hasta qué punto podemos ser de otro antes que de uno, darlo todo y dar la vida por otra persona. Estaba Patricia demostrando ser una persona con coraje. En cuanto a mí, esta mañana, al salir de la ducha, me detuve frente al espejo y por primera vez pude distinguir con una magnífica claridad las dos versiones que me conforman. Todas las cosas importantes las logró mi perfil bueno. Conflictos, mareos y autoengaños vinieron dados por esa debilidad que ocasiona a uno mirarse de frente en el espejo en un momento en que las cosas no van bien; y la amabilidad, el respeto, todos esos pequeños gestos con que poder hacer feliz a alguien y que nacen en mi perfil bueno ni que decir tiene que al joven que tengo frente a mí y que es mi reflejo no le cuestan ni disgustos ni sofocos; todo eso es algo que ni un espejo ni una persona de mal corazón me podrán arrebatar. Y es que sólo cuando llegó el calor, que repentino llegó, que súbitamente.

Ahora estoy aprendiendo a conversar conmigo mismo sin discusiones ni rebatimientos vanos. Yo, que no creo en dios, necesito una ayuda que no me atrevo a pedirle, y si de verdad esta novela, y aquí prometo no volver a escupir insustanciales adjetivos contra el libro que tienes en las manos, llega a alguna parte, prometo también dejar escrito si finalmente está la vida para celebrar algo más allá del amor. Por supuesto diré con pelos y señales si es dios o soy yo quien merece los méritos y las medallas. En cuanto a la futura mamá, bueno, ojalá yo tuviera el valor de llevarle la contraria de vez en cuando. Si, como citó aquella escritora, *la familia es un nido de perversiones*, más perverso es el amor en cualquiera de sus modos y no he visto a nadie que ande por ahí lanzando flechas encendidas contra él. Más bien al contrario, pues he sufrido una sucesión de hechos terribles que, insisto, largos meses después, y contra todo pronóstico y razón, o sea, al revés de lo que se pudiera esperar, me mantenían en la idea de que Patricia es el gran amor de mi vida. Porque, pregúntate; pregunta cuándo fue que se hundió la embarcación de lo lógico. Y quién sabe si alguien sabrá satisfacer tus preguntas.

4

He visto la alegría de un hombre perecer en el brillo de la lágrima cristalina; al águila culebrera lanzarse veloz al abismo terrenal por un puñado de diminutos gusanos; altísimos robles alzarse descuidados muy cerca del río; y el recuerdo que se me antoja más claro es que aquel hombre cuyos ojos de niño incapaces de aprender lo miraban todo era yo, y el motivo de todas y cada una de nuestras discusiones, nada que no pudiera arreglarse con un abrazo y una disculpa.

A las embarazadas, no puedo saber si a todas, o al menos no desde una experiencia cercana, se les revolucionan las hormonas. Una mujer en estado puede reír cualquier gracia de la que sólo ella se ha percatado como enojarse por la noticia más disparatada que haya sido publicada en el telediario de la mañana. Y mi tarea más importante, y perdona que otra vez te hable de mí, o mejor dicho, la tarea más importante del papá consiste en identificar esas alteraciones, aprender a tolerar sin rechistar un enfado incomprensible o un chiste tonto.

Hoy volví a ser culpable de un repentino llanto de Patricia; el motivo: no comprenderla. Y es que nos hemos pasado la vida diciendo eso de que se puede ser de otro antes que de uno, pero en el terreno de juego la vida es ardua, y un estado de gracia como es el embarazo de la mujer que amas si algo sobre todo provoca en el papá es un cargamento de armas de defensa y autoprotección ante lo desconocido. Porque los hombres no están preparados para pedregosas situaciones. Necesitamos aprender tanto de las mujeres. Luego, estás arriba, en el salón, escribiendo, y oyes un suspiro profundo; piensas: está llorando, y bajas a la cocina; y efectivamente su rostro es un espejo con la claridad de un primer verso. Secas con la yema de tus dedos dos lagrimitas que se apresuran por andar el caminito de su cuello, y sus pestañas, húmedas y relucientes, son un muestrario de tanta y tanta vida, y únicamente hay que saber mirarlas. Besas su frente, le pides perdón, y ella te mira y no hace falta que te diga que sí, que te perdona, pero que no has de olvidar el papel que juegas, que Alejandra no nos conoce y ya nos quiere. Todo esto dice Patricia sin decirme nada y yo hace rato, semanas, meses, que tampoco digo nada. De hecho, se han cumplido ya tres años desde que el vaso de cristal, el más bonito de la vajilla, se me escapase de las manos y anda ahora hecho añicos sin posibilidad ni esperanza de que nadie los recoja. Poco más que poesía puedo hacer. Bueno, lo más importante: defender el nombre de mi hija.

5

Esta mañana, querida Patricia, en el baño, mientras te miraba dar los últimos retoques al cabello, llegué a la conclusión de que será necesario que yo aprenda a mantener con una sola mano el peso y la emoción de tantas catedrales como capítulos conforman el futuro de nuestra familia. Y que he de saber acallarlo antes de que el cielo se torne definitivamente verde. Y yo rompa cuantas palabras haya dicho en voz alta, y las enfrente al durísimo tribunal de las promesas.

En cuanto al uso desmesurado de metáforas, me ha ayudado a salvar mi pellejo del sucio cajón de las palabras con que tantas personas que creí de confianza pretendían herirme.

6

Mi querida y muy esperada hija, mi pequeña Alejandra, te diré algún día: Papá tiene una habilidad especial para, cuando escucha el pío pío, adivinar sobre qué rama exacta está posado el pájaro.

Presta una buena atención a estos cuentos, los he inventado yo.

Y ella parecía resistirse a nacer. Los encantos del mundo de pronto eran altísimos muros inalcanzables. Yo ya habría empezado a no sentir sus golpecitos al acercar las yemas de los dedos al vientre de su mamá. De eso, Patricia, casi sin querer, como por una entidad ajena a ti que gobernase sobre tus palabras y tus actos, tenías toda la culpa. Si bien es verdad que en lo literario no cabe duda, en nuestra absurda realidad todo era duro golpe en mi sien de niño bueno. Mas no nos culpo; si es real, si no; insisto: esto es sólo un cuento. Una forma de liberación, un paso adelante, una disculpa.

7

Ayer por la tarde me citaron para una entrevista de trabajo y me han admitido. Trabajaré un mes en la recogida de la pera, empiezo la última semana del presente —ya ni me acuerdo de cuándo estamos hablando— y nos ha encendido las luces en un momento en que necesitamos deshacernos de una oscuridad que no nos viene nada bien. La noche es para todos hábito de sábanas ardiendo, y no nos culpo. Desagradable es el silencio de los dueños de las palabras valiosas, y tampoco nos culpo. Tu tarea, si estás leyendo esto, no es otra que encontrar —transcritos por uno que no soy yo, ya no— los errores que nadie sino yo cometió a lo largo de todo ese tiempo, el tiempo de la convivencia, y que permanecen ocultos, mas sólo en el lenguaje.

Recuerda, insistente lector que no has retirado todavía los ojos de esta historia, que nadie me dijo que soñara. Te estoy dando una serie de instrucciones para los días que seguirán a la siempre brusca aparición de un pensamiento: tener un hijo. Si algún día sucediese tal, que quizá no. Cierto es que será mejor que no me hagas demasiado caso, que no sigas mi ejemplo. Además, este diario hace mucho tiempo —en este preciso instante es otra luz la que baña esta estancia en donde escribo, mientras decenas de gaviotas reidoras llevadas por el viento rompen el estruendo de cuanto mi cabeza me dicta— que dejó de ser lo que prometía para convertirse en lo que ahora aparenta: una carta de amor, una nota de perdón. Por otro lado, yo no espero que me des las gracias, sino que a cambio pido compasión para los ojos de Alejandra cuando vea que, si bien su padre puso el alma en escribir los extraños cuentos que rodean esta extraña sucesión de acontecimientos, y que alguien que se parece mucho a mí te cuenta con pelos y señales, la vida es, después de todo, dura realidad adornada.

Quererte como te quiero, Patricia, con esta renovada ilusión; adorar tus lunares bajo el techo caliente de una nueva vida y no esperar a cambio sino los pacientes ojos con que, insistente, me miras. Ahora sé que estabas esperando el momento idóneo para clavar profundo todos tus cuchillos. Maldigo mi despiste: razonable, por cierto. Y vuelvo a aquellos días. Es tiempo de perdonarme los errores de antaño, de aceptar que hay alguien, una sola persona, que espera de mí mucho más de lo que nadie espera. Es tiempo de dejar de fumar, asunto que parece cosa pequeña en la escala de las toxicidades, y después lo sería, para que no olvides el sacrificio de mi cuerpo; es tiempo de cantar que llevas en el vientre una prolongación de las manos que con tanta ternura anoche te acariciaban, y es tiempo de celebrar que entre tus duros e invencibles dedos sostienes mi corazón que no había terminado de conocerte cuando ha de empezar de nuevo.

8

La noche número siete, o no, porque ahora estoy tan lejos que parece que habitara otra mente, otro corazón, y que bebiera el agua de otra fuente de memoria mucho más distante de mí mismo de lo que nunca hubiese elegido, fue espantosa para mí. Todo fue a mejor a partir del momento en que Patricia, con una de sus mejores sonrisas, me dijo mientras desayunábamos algo que ahora no recuerdo acerca de cómo Federica, la gatita que una tarde de domingo, días antes de conocer la noticia del embarazo, surgió de entre las zarzas a la vera del río, jugaba con una mosca que siempre lograba escapar de las jóvenes e inocentes garras del animalillo rescatado de un peligro mayor; una adorable gatita de dos largos meses, perdida y sola, que ahora hace las veces de alegría mañanera en el alma de Patricia. La noche fue espantosa para mí, y qué importa si la de ella ha sido tranquila. Apenas tuvo que irse a la cama tarde para evitar que las náuseas le impidieran dormir. Yo, quiero decir, a mí, apenas largos y dañinos meses, insisto, me han bastado para sentarme a relatar esta historia desde la calma, desprendido ya del temor al recuerdo de unos barrotes duros y firmes a los que —¡ya basta!, me niego— yo no estaba destinado.

Al cabo de la tarde nos hemos sentado a hablar de nuestros pocos amigos. Ambos tenemos la convicción de que estamos prácticamente solos en esto y es precisamente lo que nos da una fuerza impensable. Alejandra, el sueño de nuestra vida, el cuento que siempre quisimos oír y nunca nos leyeron o que, si alguien lo hizo, desde luego no nos previno de sus sombras.

(Lo único que te pido es que leas con atención, que no juzgues la manera que este que te escribe tiene de recordar, de contar lo vivido, y de sanar. Pues jamás diré el nombre de mi hija junto a un puñado de palabras muertas. Tampoco el nombre de su madre, el más grande amor que podía recibir una persona de cuantas tenemos los pies sobre la tierra. Si os cuesta creerlo, os pido un esfuerzo. Todas las palabras hacia vosotras son palabras vivas. Esta palabra danza, esta otra es un río, y aquella, la que insistentemente ronda tu cabeza, es el corazón del poeta que cada mañana, haciendo alarde de los encantos de la memoria, te lo cuenta desde una posición ya objetiva, ya conclusa y, de veras, indolora).

9

Anoche recibimos en casa la visita de Beatriz, amiga de Patricia que estudia fuera y que ha venido a pasar el verano al pueblo, donde vive su familia, y su novio; también una prima de Beatriz con su pareja. Me pidieron que les mostrase la exposición fotográfica que hace unas semanas tuve expuesta en la Casa de Cultura del pueblo, a la que no llegaron a tiempo y cuya gran parte guardo todavía en un cuarto de la casa. Dediqué algunos minutos, no demasiados, a explicarles con cierta levedad el significado y fondo de cada una de las fotografías. Al final se decantaron por adquirir tres de ellas, lo que nos ha desahogado la economía del mes de agosto. José, el novio de Beatriz, profesor de dibujo y artista plástico, nos regaló una divertida clase práctica —que todos entendimos y disfrutamos— acerca de las técnicas más importantes de dibujo y pintura. Éramos los alumnos más aventajados de la clase, teníamos ese privilegio. Éramos así y parecíamos festejar un logro que todos desconocíamos hasta que Patricia, entusiasmada, dio la noticia de su embarazo, aunque lo cierto es que no recuerdo si esto había sucedido antes. Cuando se marcharon, Patricia me dijo que estaba segura de que Beatriz había visto la hucha que tenemos en la rinconera del pasillo y que por eso había optado por comprarnos tres fotografías. Una hucha que yo mismo elaboré hace unos días —ya sabes: semanas, meses— con una cajita de cartón que quedó vacía tras sacar algún cacharrito que recién habíamos comprado, y en cuya parte frontal escribí: Hucha de visitas.

Después de admirar la forma en que la vida une a los amigos de siempre cuando uno de ellos más necesita al otro, me expliqué a mí mismo alguna que otra teoría, para la que hasta entonces no encontraba manera, acerca de por qué de pronto todo es agua que discurre tan serena y tan callada. Deberías haberla visto, apreciado lector; a Patricia, digo. Era gorrión en su rama de siempre, uno simulaba ser feliz con lo que estaba aprendiendo acerca de una materia que nunca le interesó demasiado y ella conseguía serlo —ay, ser feliz— porque sabía que tenía esa capacidad de crear ilusiones en los demás con poco que se miren sus ojos iluminados. Que no se trate al mundo entonces con tanta incapacidad para la armonía si no se ha visto al menos una vez en la vida a la persona que se ama ser feliz con tan poco.

A la mañana siguiente de nuevo vino Beatriz a casa, y ahora entenderéis algo mejor lo que Patricia intentaba decirme con aquello de que su amiga había visto la hucha de visitas. Era Beatriz, digo; eran casi las diez y media de la mañana cuando tocó el timbre, se nos había hecho muy tarde. Traía un enorme oso de peluche para Alejandra. Un enorme oso de peluche de un precioso marrón claro, en cuyos ojos diminutos todavía intuyo, sin verlo, el inanimado enorme corazón de espuma blanca que lleva dentro.

10

Por la mañana acudimos a nuestra primera cita con la matrona. Nervios y miedo eran evidentes en los dos. Resulta que el tiempo de gestación se cuenta a partir del último día de menstruación, así que, para nuestra sorpresa, lo que creíamos tres semanas de embarazo ha resultado ser un mes y medio. Nos ha dado una gran cantidad de consejos y ya tenemos, ya tiene, fecha estimada de cumplimiento: cuatro de abril del año que viene; esto es, si sabes de números, y suponiendo que yo hubiese escrito este capítulo durante aquellos días, el cuatro del cuatro del diecinueve. Suponiendo también que en algún momento llegue a interesarte lo que te estoy contando. Yo lo identifico con el color azul, mi color favorito, olvida la idea de preguntarme el porqué, empujado por la pretensión de obtener una respuesta. Otra cosa será si ocurre que Alejandra nace día arriba, día abajo. Y lo que ocurrió es que tuvieron que provocarle el parto debido a la falta de oxígeno de Alejandra en el vientre. Por lo que vino al mundo el once de marzo del mismo año.

Cuando hemos llegado a casa, después de abrazar a Patricia sin otra justificación que el alivio de estar a salvo y de vuelta, ha sonado mi teléfono y era mamá que llamaba para preguntarnos qué tal la visita. Me ha contado que, ayer, su padre, es decir, mi abuelo materno, al dar la noticia al suyo —es decir, el abuelo de mi madre, mi bisabuelo— le hizo saber la gran alegría que será para él el hecho de que lo convierta en tatarabuelo.

El padre de mi abuelo materno se llamaba Fernando y aunque una tarde en una de nuestras visitas a Almagro acudimos a verle, pudiendo así conocer a Patricia, el bueno de él falleció semanas antes de que Alejandra viniera al mundo.

11

Alejandra, hija mía, qué haré de mi tristeza.

Cuentos, preciosa, cuando nazcas yo sabré todos los cuentos. Tan triste estuvo antaño mi corazón como una vaca en una cuadra —te diré—, pero ahora se reúne con la lagartija fea, que yo sé que es hermosa, a orillas del río azul mientras tu mamá prepara la merienda.

Y también poemas de Gabriela Mistral, y poemas de María Elena Walsh, y algo más contemporáneos los de Mar Benegas.

Esto sucedió por entonces.

12

Les oí decir, decían: No está bien, el hombre ha de apren-
der a escapar del oscuro círculo de las lamentaciones,
del peligroso agujero de la decadencia psíquica, donde
recordamos cuánto amor pudo albergar un cuerpo tan
pequeño, y lloramos; donde el más inapreciable de los
dolores te enferma y la penuria se nutre de su propia
sed. Más le vale al hombre sujetar fuerte sus logros.

Era así, era yo quien hablaba; nunca hubo otro
narrador. Y así argumentaban ellos mi actitud, la acti-
tud del joven amigo leal de sus conflictos, y le daban
forma; iban moldeando su manera de verme y hasta
se olvidaban, salían de ellos mismos y no eran sus ojos
quienes me juzgaban sino un todo, un conjunto for-
mado a base de prejuicios que se quedaron por tratar.
Yo nunca les dije nada porque creo que en realidad esas
cosas las sienten ellos y las lloran cuando se apagan
todas las luces. E insistían: en treinta y tres años no has
hecho sino defender la verdad de las cosas. Si he de ser
sincero, los tiempos se me nublan.

Todos parecen desear un instante de gloria, enton-
ces todos exponen su opinión, falsa, y a ratos absurda,
que para nada alcanzará nunca la fuerza ni el brío de
la espada que atraviesa mi joven corazón de niño tonto.

13

Hoy me dan un espejo o un micrófono, pero me esconden el cuchillo a proporciones iguales con que conciliar un estúpido sueño semilla de algún futuro que anhelo desde que estoy aquí y tengo uso pleno de mis conocimientos y que, de seguir así, sin pegar ojo, jamás lograré alcanzar. Hoy me dan algo muy distante a la gustosa alegría y advierten: Hombre, mujer que no eres, disfruta, pero ya no quedan camisas de fuerza por si acaso. Sólo soledad inadvertida y el poder destructivo de una expectativa.

Cada día, un rato después de la caída del sol y cuando aún la tarde podía con completísima impunidad presumir de su nombre, era fácil escuchar en parques y jardines el pío pío de algunos pájaros cuya intención parecía distinta. Eran los últimos pájaros. Y apuraban el poder estar ahí sin que la noche acechadora derrumbase tan temprano sus firmes esperanzas. Pararme ahí, a contemplar ese instante, me invitaba a pensar en algunos hombres buenos, caminantes gozosos de entregar su corazón a pesar de derrotas y desengaños.

Cada día a lo largo del mundo entero hombres codiciosos, egoístas y malvados seguían asesinando a las mujeres, a las suyas, así las llamaban, con quienes compartían todo cuanto la vida les regaló. Las odiaban por el solo hecho de ser mujeres.

14

No cabe en mi corazón ninguna duda de que sigo allí, tres años después, todavía en posición horizontal; yazgo tendido sobre una descolorida toalla que usamos a modo de cubresábanas en un intento por disimular el charquito de llanto, cual sangre en la arena, a las órdenes de Teseo, el cual, y esto viene luego, no ha hecho aparición en lo que va de noche. Quiero decir que la tengo todavía delante de mí y, a ratos repentinos, en forma física, tumbada a mi izquierda. Sigo allí y está conmigo. Sigo allí, pero hemos de despertar. Siendo que alguno de los dos hubiéramos logrado dormir siquiera un ratito.

Son casi las once y media de la mañana y se me antoja hacer memoria de unos acontecimientos que rasgan mi carne con la fuerza de un espíritu maligno, donde buenos y malos forman parte de un escenario subjetivo, ajeno e innombrable, dada la situación de miedo a represalia con que escribo. ¿Ser reprendido por ello? ¿Yo, que apenas a lo literario aspiro?

Qué sería de mí y, lo más importante: qué sería de la pequeña Alejandra de no haber sobrevenido aquel final de romance. Y si algo en este texto apela a una plena complejidad es el hecho de que unas cuantas líneas cada día son más que suficientes para sobrellevar el dolor, tan real y tan vivo. O escribo o lo pierdo todo, y elijo escribir cada vez que recuerdo cómo en aquella celda, aquel regocijo para ratas de paredes grises y carentes de cualquier tipo de bendición o calma, no existían los cuadernos.

No resultaría vencedor. Lo supe a término de esa dura batalla por saciar mis ansias de narrar con pelos y señales lo vivido.

15

Bienvenida, Alejandra. Yo apenas era capaz de susurrar; la alegría se me había atravesado en el centro mismo de la garganta. Cuando pensaba haber logrado un equilibrio entre la mente y el cuerpo, entonces las palabras quedaban enquistadas, y cuando decidían salir lo hacían en pelotón, de forma que los sonidos que producían eran similares a los sonidos que produce la aprendiz garganta de un niño al que están enseñando a hablar.

La espera se hizo larga, y pronto supe que en los primeros días de tu vida, entre una multitud de personas emocionadas, tus grandes ojos no distinguían más que luces y sombras, pero cuando me mirabas, cuando insustituible y fija clavabas tu mirada en mí, yo sabía también que debía haber algo más, y de inmediato me volvía capaz de descifrar el misterio que siempre anduve buscando: el secreto de la felicidad —pienso todavía— se hace evidente en la manera que pronuncio tu nombre y el nombre de tu madre. Doy las gracias a todas las mujeres que dan vida, que dan amor, y aunque no conozca a todas sé que están ahí, haciendo a su vez muy felices a otras personas.

A los pocos días escribí algo que descubro ahora entre un puñado de papeles que durante estos tres años creí poco más que inservibles acerca de cómo una mañana, Martes, la mayor de nuestras gatas trajo a casa un ratón. Golpeó con sus temerosas uñas la ventana del baño, y cuando abrió Patricia ahí estaba, con el animalito en la boca, dulce e inocente, muerto quién sabe si de intemperie, quién sabe si de entretenimiento. Durante todo el día en esa casa se dijo que aquel ratón, inerte ya, era un obsequio. Y lo cierto es que sí, que todo en nuestro nuevo mundo giraba en torno a un que todos nos quisieran más que nunca cuando nosotros queríamos a otro más que a nadie. He fantaseado con la idea de que, después de todo, no éramos una familia tan diferente a las demás. Al cabo de un rato llegaríamos a la conclusión —juntos, siempre juntos— de que se trataba de una musaraña.

16

Llego de trabajar y lo primero que hago es acercarme a la cuna de mi hija; le hago saber cuánto la he echado de menos y mientras un te quiero tras otro y otro ella me mira con unos ojos ansiadamente abiertos. Le cuento algo —que después de tanto tiempo, me cuesta descifrar— y hace así, mirando hacia el techo de la habitación como el que dice: ¡Ay, papá, si yo te contara!, y me río, y ella también se ríe. Y es el amor más grande, con sus complicidades y su todo, que cualquiera en este mundo pueda tener.

Leer todas estas cosas ahora, ya de veras superado el sufrimiento, me hace darme cuenta de qué absurda era mi forma de comportarme en cuanto a apego y dependencia. Si mi labor consistía en poco más que salir a ganar un trozo de pan cada mañana, en todo ese tiempo no fui capaz de desprenderme de un puñado de anhelos que marcarían definitivamente la convivencia con Patricia. Así fue como me convertí, a ojos de los demás, en el soldado que, exiliado de sus raíces, apenas regresar necesitaría. Dejando por supuesto a un lado el precipicio de caída interminable con el que convivía mientras intentaba resucitar estas palabras del sucio cajón de los olvidos. Y sin olvidar a un mismo tiempo el cúmulo de dificultades que la vida pondría luego ante mí.

17

Cuando sale de casa, por la mañana, para ir a trabajar, la pequeña duerme y papá se muerde la lengua y aprieta los puños en un a duras penas conquistable intento por resistir la tentación de besarla, porque con cualquier pequeño ruido no despierte a su mamá. A la hora de comer, la niña duerme y es inevitable, ya con mucha menos prisa, inclinarse ante su cuna y observar, reflejado en su piel, cómo un amor tan grande puede casi a un mismo tiempo, como en uno de esos juegos de memoria cuyas reglas se resumen en emparejar iguales, ser fuego feroz y también aguas mansas. Llegada la hora de volver a marcharse, la historia se repite, aunque para su suerte la mano que aprieta hace amago de devolverle el suave y calmo apretón. Marcha, avanza la tarde. Y bien, por fin han llegado las ocho y media y termina esta pesada y angustiosa jornada laboral; papá llega a casa, y mientras escribe unas líneas acerca de cómo intenta resistirse a acercarse a su pequeña dormida y toma un vaso de zumo frío con que rebatirle el argumento al calor, la niña lloriquea y papá —sentado en el patio, a cierta distancia de la alcoba— se da cuenta de que, asumido el sueño profundo y placentero de ella, esta vez parece haberse olvidado de subir a verla.

18

Vive muy cerca de donde trabajo una anciana que, casi seguro, rondará los noventa y tantos. Desde hace poco más de un mes, cuando el sol se vuelve más agresivo y es más alto el castigo que impone, cuando ronda la tarde las tres y media y el cuerpo no tiene otra que soportar el sopor de la intempestiva hora de la sobremesa de la mejor manera que uno encuentra, subiendo calle arriba desde donde aparco el coche, puedo verla sentada en un banco de madera a las puertas de su casa. Viste un pañuelo que cubre su pelo y, sobre este, un sombrero de paja de los de siempre. Siempre el mismo hato. Siempre, cuando llego a su altura, ella ya me está mirando y su rostro lo domina una hermosa y sincera sonrisa. El trayecto que tomo es rápido y nuestras conversaciones son sencillas y cortas. El tiempo suficiente para aceptar que ha trabajado duro durante toda su vida, me lo contó ella, y que todo lo que ha logrado se lo ha ganado con creces; esto último lo deduje cuando con tanta atención me escuchaba decir que estaba yo dudando si aceptar un segundo trabajo que me habían ofrecido. Por mi niña, le dije. No le he preguntado su nombre ni su edad, pero ambos sabemos ahora que somos amigos y que, si uno necesita del otro, el otro ahí estará. Por las mañanas no la veo, estamos en las labores en el colmenar. Sólo nos encontramos, en ese leve y fugaz discurrir de los pasos, por las tardes, que es cuando extraemos la miel, y se hace más divertido y bello que una señora a la que le queda, inevitablemente, tan poco tiempo, sin llegar siquiera a tocarte las manos y mirando casi siempre al suelo, te llame cariño. En las tardes del norte todo es más amable. He de sincerarme: no recuerdo haber pensado en ella todo este tiempo. Si está viva, si no. He olvidado hacer memoria de hechos específicos.

Esa misma tarde, ya en casa, conté a todos cuantos quisieron escucharme, todos los que me importaban, cómo el amor de mi vida me dijo, entre risas y desde el otro lado del sofá: Estoy pensando que no deberías ducharte con el gel de orquídea antes de ir a trabajar, que igual te huelen a flor y por eso te pican; se van a pensar que eres una flor gigante. Yo entonces ayudaba a un apicultor con sus abejas, lo habréis deducido antes. Ha sido el trabajo que con más hondura ha escarbado en mí. Patricia y yo todavía nos queríamos.

19

Sería un 27 de octubre el día que Alejandra dijera papá por primera vez. Ese mismo fin de semana habríamos recibido la visita de la familia. Sería la segunda vez que habían acudido a ver la niña. Todo esto lo adivino mirando largo y profundo una fotografía que tomé esa misma tarde y en la que mis mejillas relucen de estupor.

Qué tierno terror pensar en la velocidad del tiempo. En un mes habré alcanzado la edad de 31. Se dice que el primer año de vida de un hijo es el año que más rápido se esfuma, y lo cierto es que les doy la razón. Las cosas del querer son caprichosas. Y, aquí o allá, no puedo dejar de hacer balance de todo lo que mi cuerpo ve, ríe y llora. Este pueblo en el que vivo algo más de un año no es para mí, pues se me brinda la facilidad de disfrutar de diversos peligros, pero elegí quedarme y he de ser capaz de no dejarme soliviantar. Me he encariñado, además, de un paisaje que abarca mucho más allá de aquellas montañas. Ahora vivo pendiente de mí, a pesar de deberes no menos importantes, pero actuando solo, sagaz de mi destino, para con dos mujeres hermosas que permiten que aproveche los momentos de lluvia para salir a la calle a cualquier cosa.

Lo escrito hasta aquí fue, como a menudo sucede, un pensamiento cotidiano. Ya sabes, esas cosas que, fruto del enojo, uno deja escritas en algún lugar de un cuaderno que ni siquiera le pertenece y que encuentras después; la mayor parte de las veces cuando no hay herida que se intuya. Me refiero a cuando dije que aquel pueblo no era para mí, pues ha resultado después que dejé, además de familia, una buena parte de mi alma, que perdida estará por ahí, entre el vasto follaje de algún robledal, quizá.

20

Es una especie de ritual. Hay días que dura apenas unos minutos y días que puede alargarse hasta casi una hora. La acunas en tus brazos mientras todo en la habitación se va tornando más poético de lo habitual, y, si se mira bien, puede verse en los ojos de la niña cómo tu embarrado y tormentoso pasado ha perdido su poder de injuria y distracción. Ahora estás ahí, vas a por todas: el miedo al silencio cuando alguien, enfrente de ti, tiene los ojos cerrados te ha abandonado. Y no te importa si hoy has logrado o no vencer aquello con lo que llevas algo más de treinta años en contienda.

Llegamos ayer a la tarde al pueblo que me vio nacer y llorar, con el paso del tiempo, dolores infantiles. Aquí quisieron convertirme en valiente niño mientras me abrazaban como si estuvieran convencidos de poder romperme siempre que me magullaba las rodillas. Ya sabes, en este mundo el que viste el chaleco antibalas es el mismo que empuña la pistola.

Somos tres. Venir a casa de la abuela ha sido necesario para que ella, tu abuela, descubra tu primer diente, hija, el último día del año en que naciste.

21

Las aventuras y experiencias que vivía cada mañana de camino al trabajo no parecían tener un límite. Unas más divertidas, unas más sin un sentido que permitiera explicación, pero todas aplicables al aprendizaje con poco que se disponga de una mínima habilidad para descifrar códigos, digamos, por ejemplo, literarios. Mi cabeza de niño que sueña con recordar lo soñado es asombrosa en cuanto a inventora de cuentos, mas no es motivo que implique que, por alucinantes, todo sean buenas pasadas. Mañanas como las de cierto día, madrugadas frías de neblina impoluta, en la que dos aves —a las que podía haber identificado como espíritus que encarnan lo que mi amor y yo pudimos haber sido, es decir, aquel camino del que nos desviamos para ser lo que ahora somos, algo cercano al olvido, a lo que resulta insignificante para el otro, no menos magníficos ni más libres— se habían detenido ante mi coche. No menos cierto es que sólo lo imaginé, y que merecían un descanso; que seguramente también fueran cosas mías el que de inmediato tomaron distancia y lejanía, mirándose ambas siluetas, pues yo no aprecié otra cosa, mientras pensaba en no sé qué espectro en el que tornan las cosas del amor.

Al llegar a casa vino a mí un pensamiento que por un instante tomé por lúcido: todo va bien hasta que te topas con un ángel y decides joderle la vida como si se tratara de una persona normal y corriente. A partir de aquí todo va en decadencia, y necesitarás mucha inteligencia para darte cuenta de que estás pagando haber fastidiado a la persona equivocada.

Me creía superior a los demás. Era esa y no otra la razón por la que llegaba a pensar ese tipo de cosas. De pronto me había convertido en una especie de demonio justiciero. En cambio, no sangraría mi boca palabras como cuchillos. Las guardaba para mí o las escribía. Además, si contara toda la verdad no podría publicar este libro sin causar daños.

22

Esta tarde hemos llenado —y con esto procuro finalizar de una manera digna, por molesto que resulte— tu bañera en el patio, niña; tenemos la intención de que te haga las veces de piscina este verano, y un momentito antes de que mamá, después del baño, te sostuviera en sus brazos para secarte, yo, papá, un tipo menos ilusionado —así me defino ahora—, más hendido en la blandura de la tierra, más resquebrajado en el rincón más íntimo, pude ver en tus pestañas la gota de agua más bonita y brillante que jamás había visto, y que, como por un capricho del amoroso líquido se te había quedado incrustada ahí. Justo ahí donde la vida, donde el mundo, donde los ojos míos a los que se regalaba el sortilegio de mirarte cada día, de mirar a tu mamá.

Ahí. Justo donde nadie me dijo que soñara.

(Plantea Rafael Chirbes en sus *Diarios* si acaso no es cierto que una novela se ordena desde el final: «El final es lo que da sentido al conjunto, ¿qué novelista aceptaría que alguien cambiara el desenlace de su libro?, ¿acaso no está la lección implícita en el final?». Respondo en mi cabeza un sí rotundo. Os lo dije un par de párrafos arriba: es mejor que calle la verdad por odiosamente incompleto que resulte el libro. Pero es un sí silencioso, para mis adentros, de una fantasiosa resignación).

De vuelta en casa

De vuelta en casa, en el hogar de siempre, donde las enormes llanuras cuya lejanía tanto había llorado, la noche insistía por entonces en su defensa del frío, y eso mis huesos lo sabían. No atinaba a hablar del cariño cuando a lo largo de ese espacio cariño-tiempo todo en mi corazón había tenido lugar del modo más atemporal y dañino. Pensar en los ojos limpios de mi hija mirando caer la nieve me ayudó a convencerme de que yo no estaría ahí para protegerla de los restos de antiguas muertes que, luego de desaparecer por completo el manto blanco, quedarían al descubierto. Ella, Alejandra, crecería rebosante de preguntas, y yo, papá, quien le descubrió la nieve por primera vez y le prohibió abrir la ventana, poco más que por evitar un frío de memoria, estaría tan lejos, procurando que lo que escribe sirva para algo.

* *

¡Mi amigo no ha venido, Calisto!, grito.

Mi amigo no ha venido y florece la herida a destiempo, surgen oportunidades de hacer cosas a destiempo quiero decir. Tengo miedo a estar rodeado de todas esas cabezas sobrecogidas por mi soledad. Aquí el propio teatro, con nombre y ropas forma parte del argumento; a la sensación repetida, al cruel desenlace del pensamiento cuando dan las siete en el campanario del ayuntamiento y ando, otra vez, aturdido por la recalcitrante pregunta de cuánto de lo que hice está bien y está mal. No saber qué será de mí mañana. No tener un plato de comida que poner en la mesa de mi hija, visitarla a sorbos cada vez más pequeños y otra vez pensar en el futuro como un monstruo de cuya mordedura sólo, sólo los valientes.

Es horroroso este soliloquio: ¡Mi amigo no ha venido, Calisto!

* *

Una nana. La tararo, la tararo, la tararo sin pausa. Mi boca la trae a cada actividad; en casa, en el trabajo, en el coche. Cuando estoy con gente de pronto aparece y pienso qué estarán pensando. Sobre todo, cuando estoy a solas. Se ha convertido en algo parecido a un mantra, y no sería eso sino una especie de involuntario ejercicio de liberación en esta dura batalla que no culmina y en la que yo, soldado sin —hasta que no logre desprenderme del insistente afán por salir adelante con poco más que mi valentía y mi defensa del mi amor por tu amor— aparentes aliados, lucho por no perder de vista una verdad: la culpa no fue sólo mía.

Una nana, la tararo, la tararo, pero no me duermo. Más de tres años sin dormir.

* *

Ante la tala de un árbol, casi siempre defectuoso, seco o podrido, es necesario tener en cuenta factores como que la zona de trabajo esté libre de obstáculos en pos de facilitar una rápida evacuación en caso de necesitarla, así como la dirección de caída natural del propio árbol, la cual vendrá dada por la amplitud de su copa, inclinación del tronco y nivel de pendiente del terreno. En todo esto estoy pensando, en paralelo a un buen puñado de intenciones e inquietudes, mientras decenas de pájaros de distintas especies se apropian de lo que es suyo, ya sea alimento, rama-hogar o tro-cito de cielo. Así mismo, recuerdo aquel poema con un final que dice algo así como «... de quien ya no es un adolescente». Ojalá ser pájaro que, si de pronto descu-bre que este hogar ya no le corresponde, de inmediato localiza y ocupa otro porque tiene esa fácil autonomía. Pero hay algo en el sueño y el deseo que actúa con una viva voluntad, ajena siempre a lo que nosotros haga-mos, digamos, opinemos.

* *

Hay personas que dejarán este mundo sin haber escuchado el canto de la oropéndola, otras dejarán de existir sin haber convivido, al menos por un ratito, con un jovencísimo pardillo y ese pecho naranja que lo hace inconfundible, y otros —mirad que os hablo del mismo grupo siempre de personas, o al menos parecido en cuanto a pretensiones y metas— habrán pensado en dejarnos sin haber pronunciado una sola vez el hermoso nombre científico del jilguero incluso antes de que a nosotros, los preocupados, los interesados y aventureros exponenciales del entusiasmo por la belleza, nos haya dado tiempo siquiera a preguntar en qué podemos ayudarles.

Es temporada de vacaciones de Semana Santa, Alejandra está aquí conmigo. Me acuerdo de todo lo anterior mientras ella me dice, a regañadientes, que no deje correr el agua porque se enfada el planeta. Algo estoy haciendo bien. Aunque pueda parecer ardua tarea, llena de orgullo saber que hay esperanza, a pesar de que, en paralelo, los que están siempre por encima de nosotros hagan lo que les salga de las narices.

* *

Bajando el puerto de Guadarrama, un precioso espectáculo de jara pringosa inunda todo lo que mis ojos pueden ver. *Cistus Ladanifer* de nombre científico, he murmurado ante la improbabilidad de que la hija escuche mis pensamientos. Y siempre con la alegría de saber que, cuando estamos juntos, todo lo que sé acerca de las cosas que me gustan ella lo disfruta conmigo.

* *

No puedo, no alcanzo, o tal vez no quiero escribir la tristeza esta noche. Helicópteros enormes circundan a estas horas el trocito de cielo que desde aquí puedo intuir. Afanarme en lo poético para qué si al final la realidad es cruda y rotunda, y sin tapujos lo muestra; para qué alardear de lo literario si de pronto un día, cuando más en paz parecemos estar, cuando pareciera que la vida está para celebrar, acaso, cualquier pequeño gesto de belleza, alegría o sencilla tranquilidad, familia y amigos se marchan y no han tenido siquiera tiempo de decirnos adiós. Y aquí nos quedamos nosotros, escuchando el temible ruido de un helicóptero, a avanzadas horas de la noche, casi siempre a solas, que en realidad es el anuncio, y sin que nadie lo sepa todavía, del próximo encuentro con la historia, de lo que simula ser ya un inmerecido castigo colectivo.

A Chelo, por su ayuda, por su apoyo

II
Algo así como una corriente de aire frío

Algunas semanas después
había amanecido lloviendo (en una ciudad
que en parte ya me pertenece) y de
pronto un sueño:
                      sentado al filo
del colchón terrible para el que me entrenaron,
la figura de un yo mantiene amordazada
mi boca y violenta el corazón... y
por convencerme de que tal vez nunca hubo
aquel paraíso familiar,
penaliza el amor y olvida la bondad
de aquella siempre protegida inocencia.

Después de habernos querido tanto,
¿quién y por qué dibuja un monstruo?

Mas, al despertar, no estoy solo: mi hija
toma mi mano y juntos disfrutamos una lluvia
que ya ha encharcado buena parte de la cornisa.

Viene a mi lado una sombra
—cuya fidelidad e inocencia me atemorizan—
de una a otra habitación de la casa,
de una a otra herida que no abandono.
Le propongo un trato: yo no admito su nombre
y ella no me cuestiona constantemente algo.

Ya no deslumbra por su fiereza el día.
Está cerca la noche, digo lo que temo.

Y dónde cantan los pájaros que cantan.

Desde donde quiera
que ahora estés, Alejandra, hija mía,
pide que se te acerque
a la ventana, yo sé de las cosas, del querer,
y detente ahí, cristal callado.

¿Ves la misma luna que yo —desde aquí,
la distancia no es tan fría— veo?
                                        Joven
que pronto descubrió tal hartazgo
de alegría, que nunca supo más cosa
que amaros.

Mas responde una última pregunta:
¿Has aprendido, ya, a recordar?

EL AGUJERO del aprendiz,
el negro,
el celo oscuro,
el niño de la cólera,
el columpio oxidado
y sólo mecido a duras penas por el viento,
el día de la fiesta de las ortigas.

La magulladura íntima,
el rincón personal.
El último en la fila por todo, salvo
por la rebeldía.

Después
de tanto tiempo,
el último beso de amor.

Después de tres noviembres
sin más tarea que
proteger la inocencia equivocada,
acompañé a mis seres queridos en el rito
de visitar el 585 del cementerio municipal
donde descansa la menor de mis hermanas,
una distancia —inferior a la que
separa a los vivos de los muertos—
tuvo la culpa.

Pero ten, he vuelto, te traemos flores,
ten, te traemos flores. Vivo
mucho menos de lo que merezco.
Disculpa que te diga esto a ti que con sólo
veinticinco días atravesaste
el brusco muro irreversible.

He vuelto, hermana, al 585 del camposanto viejo
esta es tu casa,
yo me dedico a lo de siempre,
escribo rápido y trabajo en lo que puedo,
también me empeño en pedir perdón
por actos que no cometí,
dejé a Alejandra en manos de sus juguetes
y ella no lo sabe, pero
yo hace tiempo tengo la convicción
de que ni todas las muertes son iguales
ni el porvenir cabe en la palma de la mano.

OTRA VEZ solos, digo
cada noche mirando tu fotografía.

Y quien está solo soy yo, con
toda la bondad del que por temor
espera que de nuevo el tiempo
haga de las suyas.

TRES GRANDES rocas violentas
aplastan mi corazón, lo entierran, lo turban.

Tres rocas como tres días. Pido
un caminito para mis pies que no comprenden.

Dedicaré la poca fuerza a decir las cosas
de otra manera, pero no cortaré la flor,
y jamás mis dedos sangrarán una sangre
que no sea la mía.

Golondrina sola
de invierno en una rama
entre los pinos musculares
de mi cuerpo, no te vayas.

Vasto jardín de la espera,
no te mueras:
que el insensato
adolescente es peligroso y es
el espejo que rompe mi carne.

Habían sido no una, sino dos
las familias que, como fruto de una ira,
fueron vajilla
quebrada contra el muro
de la infamia al final del verano

o las salamanquesas de mucho tiempo atrás.

Mas ahora he resultado ser nada, yo
un vacío, yo un vértigo irresistible
sólo ante los ojos de quienes creen conocerme
y nada más y nada más.

No estoy aquí por ti,
no soy la flor que hubieras elegido,
pero soy tu hijo o soy tu padre:
el ídolo al que por vergüenza jamás pedirías una foto
y la misma sangre que corre por tus venas soy.

¿Por qué me siento culpable de estas muertes?

He aquí que por pagar aquellas
quiero sumar la muerte mía
(y busco osadamente el ritmo del poema)
que te haga sentir el dolor
(y no lo encuentro)
porque yo no soy como tú
ni como ellos, los suficientemente vivos.

DE 15:00 a 1:00 me coloco delante de una máquina
y veo pasar
ante mis ojos cebollas a la misma
velocidad con que unos labios fueron
capaces de recriminar comportamientos que
con saña inventaron para mí,

y que como por una suerte de justicia
poética nadie ha creído.

A las 21:30, mientras ceno, pienso
en terminar el poema antes de que suene
la sirena que clama por ti, Alejandra,
y por tu papá.

HAY UN infierno, similar al original,
en la *mirá* de aquellos que aman a quienes
les están haciendo el mayor daño.

Hay un algo que consuela
como de un «Sí, ya, a mí me vas a enseñar tú
a morirme de pena».

Y hay, luego de un sueño de
astutas serpientes, un «Ay, amor, que
yo no quiero despertar».

PERO DESPUÉS, es decir, ahora,
mientras sucede el olor de la syringa
—ajena a la
huidiza mariposa que juguetea un rato,
toma su polen y se marcha—
pienso que no seré nunca
capaz de utilizar
más arma en mi defensa que el perdón.

Y por hacer
alarde de mi dedicación al poema,
acaso no me queda más
que correr en contra de este sentimiento
de amor, amago de lo que fue,
ilógico y superviviente.

UNA TARDE en que desde este lado
del cristal todos parecen iguales.

Los veo marchar a toda prisa, van de aquí
para allá recurriendo, facilona defensa
contra la derrota, a la culpabilidad
de una lluvia que a ratos decae,
fría y resbaladiza, y que
como el que se pusiera
de parte de los humillados,
sobre abrigos y carteras, dijese:
Esperad, no os apresuréis, todavía
os aguarda incertidumbre a lo largo
de mis últimas luces apagadas,
y será ella quien os encuentre.

Es POSIBLE, con este calor,
que piense de pronto en mis manos,
que requieren
valor para hablar, táctilmente,
de trenes que de noche moderan
su marcha al corazón
y reprimen conjeturas;
anticipándome,
por la importancia del secreto,
a la esperada presencia ante un túnel
creador de gemidos
                    y luego risa.

QUE PARA defenderte gritas,
que eres grito, o te han hecho grito,
o para ayudarte, que nadie ayuda,
que no te gusta lo suficiente la vida,
que huyes, que te escondes,
que dices otro nombre,
que te llamarás de otra manera,
que será otro el poeta, y
que ya no más piedras

al mismo tiempo que dudas
de la eficacia y de la fuerza terrible
de aquellas piedras que te sirven
de escoba, o que te entierran,
para ser dureza. No más visible,
no más exponer tu vida a un público,
humedad, hombre arrepentido,
mujer que es feliz haciendo sonreír
a alguien y no eres tú, ser uno
con las ratas y las lombrices,
sentimientos blandos,
para empezar de nuevo, otra vez,
como todas las veces, si no vuelve
la realidad, la que era mía,
que no volverá.

EN LA noche de ayer quisiste
alcanzar con tu mano
una estrella, hija, y yo te dije
que era un avión. Fue entonces
que te percataste de la lejanía
y tomaste mi mano con las tuyas,
y la elevaste tan alto que mi corazón
sintió un sobresalto parecido
al que siento cada noche al pensar
en ti, tan lejana. Las mismas
manos con las que hoy me decías adiós
mientras veías el coche del abuelo
hacerse cada vez más pequeño.

Con el fin de las vacaciones
habría quedado solo
Solo como la madera, no solamente solo.

Nadie me acompañará al atardecer
a contemplar las nubes
Solo me sentaré en la piedra más sola.

Yo miraré las nubes,
¿mirarás tú montañas doradas
por encima del hombro?

Yo quisiera ser poeta
para decir las cosas de manera distinta.

Este árbol parece un cardo
y en la silla que tengo a la izquierda no cabe más vacío.

Ahí, en la pizarra,
el dibujo que quedó incompleto
procura un rotundo final
con que complementar el poema

y un amigo que amenace esta tristeza.

No EXISTE lo lleno de veneno.
Existió.

Árbol debió ser otra cosa
y no se dijo. Alma disfrutó
cuanto pudo. Cada vez
que yo me separaba de un cuerpo amado,
pedía perdón
por haber estado ahí.

Y es cierto: el sentimiento fue duro.
Porque se muere el amor.

El poeta no se lo calla,
su soledad se ha hecho piedra
y la desprecia.

Árbol debió ser otra cosa.
Y no, no se dijo.

Esta es la hora
precisa en que, como cada noche,
me detengo a observar el canto
incriminatorio de un grillo que
se aferra a su verdad en la parte
del corazón más inalcanzable
para mí y para quienes me quieren.

También la hora en que, tras el ritual
de besar la fotografía de tu hija
antes de dormir, pido perdón
por haberte querido.

ALGO COMO una corriente
de aire frío azotó la parte izquierda
de mi cabeza, y un silbido
que no era el viento penetró sin lástima
las paredes de la alcoba en donde
lo recuerdo todo con curiosa
fluidez de invierno.

A partir de ese día en que me nombro
niño bueno.

Niño bueno
sin miedo a la ilusoria locura,
porque interpreta el miedo
de una manera obligatoriamente distinta
o fantasea con la importancia de esconder
en sus poemas lo que en otra situación
a cualquiera hubiera emocionado.

Pájaros nocturnos sin
ninguna gracia sobrevuelan
a estas horas los tejados
con su augurio y su constante
agresor aleteo.

He encendido un cigarro
antes de irme a dormir.

Mas por alguna
razón aguardo en pie, callado, sólo
escuchando ese rugir
de plumas que se alejan,
que me invitan a tomar una
necesaria distancia de mí mismo.

Esta mañana
maté una paloma. Durante
todo el día ha resonado
en mi cabeza un estruendo
de plumas, ya alarde de derrota
en su corto camino hacia la tierra.

Lo peor no es que apunté a dar.
Hace algunos años que
me relamo, culpable o no,
las heridas de los otros, quizá sea
el motivo por el que gustosamente
cargué el arma de nuevo.

Cuando regresé, en casa
se dijo que mi víctima había
anidado en los pinos de ahí detrás
y que los pichones hacía escasos días
que habían salido de sus huevos.

Lo escribo ahora que el cielo
ejerce su presión
sobre el cuerpo de los cobardes
mientras sucede el ruido
atronador de un avión.

ANTE CADA nueva despedida
que presiente, ella
siempre
me regala una piedra y una hoja.

Yo le regalo
la promesa de ser fuerte,
de volver a escribir poemas,
aunque no sean
demasiado buenos.

Fuerte como una piedra,
pero triste como esa hoja
arrebatada a su rama
por el viento.

EN CUANTOS pedazos hayas quedado
reducido esta vez, lo de morir jóvenes
ya lo había dicho el corazón
y no me estabas escuchando, sino ahora:
el último día de la desilusión,
el primero
del resurgimiento de ambos,
en ese mirarme y no poner condiciones
silencio / edificio derruido,
mucho más vergonzoso, porque yo
no le he pedido nunca nada.

El tiempo fue quien se encargó
de poner nuestras fotos en su sitio.
Y qué harás con ellas ahora:
ochenta y tantas veces las habrás quemado.

Muy pocos días o cuanto me enamoré,
porque soy así, dormir por dormir.

Llevarme las manos a la boca porque mamá,
sentada en el salón del indominable eco
no me oiga llorar como ella lloraba
cuando Rosa Mari; porque no era necesaria
una muerte más.

Y de otra manera
el cuchillo no sería cuchillo y la bala de plata
no más que un juguete inofensivo
de recreo y burla.

Y volver con mis amigos,
con mi familia; volver a mi trabajo, a mis estudios.
Porque así me lo pides, mi amor, mi amor
que tiene miedo y ya no está.

Y a escribir poemas
aunque no sean demasiado buenos

LA FORMA más acertada
de dirigirse a él es por su verdadero
nombre: *Linaria Cannabina*. Otros
lo llamarán el más común de los pardillos.

Yo sólo doy una cosa por cierta,
y es que antes de que echara a volar
estaba posado sobre esa precisa rama
a la que no puedo dejar de mirar a ratos
mientras el joven impostor escribe.

La misma sobre la que una tarde
de agosto de hace no muchos años
alguien dejó depositadas
todas mis esperanzas.

SERÁ UNA tarea compleja hacer
memoria de la cantidad exacta de ejemplares,
pero no debían sobrepasar los cuatro o cinco,
ten en cuenta en este verso
el hecho meritorio de que una lagartija
siga el senderillo de la otra
dando la espalda a sus propios criterios,

mas... de lo que vi, no seré quien diga nada,

en el amor todo es política,
pues la tarde avanza hacia lo nublado
y no hace miramientos
salvo cuando, de este y aquel rinconcito
del jardín, apenas
queda una lágrima ya sin perfume y, como yo,
todos preferirían callarlo.

Entre uno y otro carril
de una carretera nacional cualquiera
un conejo se detiene a horas
extremadamente tempranas;
fríamente quieto ante unos automóviles
que se aproximan a él a una velocidad
que lo tiene todo de literaria,

y en sus ojos resplandecientes
de luz artificial y vacía
puedo adivinar lo más parecido a aquella
novedosa incertidumbre
que todo lo recubría
la tarde de agosto:
aquella a la que tú
sin ayuda divina, querida,
nos has condenado a recordar.

Cuando salimos
a buscar mariposas y encontramos
caracoles, porque ha llovido, y entonces ese día
no podemos ir al parque
o cuando una de esas
pelusitas —que hasta no hace mucho no sabías
que si soplabas fuerte eran capaces de transportar
semillas muy lejos de nosotros— de pronto queda
enganchada en el cuello de tu camisa,

cuando repetimos ese juego que tanta gracia te hace
en el que yo te digo que me he equivocado
sólo por verte reír, sabiendo que podemos meternos
en un buen lío: cuatro pies entran al unísono,
y haciendo ¡ssch!, ¡ssch!, por error en la plantación
de pinos de un particular sólo para sentir cómo es
el riesgo si estoy cerca de ti...
es como si una fe me dijera
que puedes protegerme y nada puede salir mal,
salvo cuando, de regreso al pueblo, otra vez
estoy indefenso y a seiscientos kilómetros de ti.

Ahora, el lector, tal vez pase el libro a la persona
que tenga a uno u otro lado y pregunte
qué significa este último verso, pues el poema
se torna caprichoso y hemos de dejar, hija, que
la poesía siga su curso.

Dice así: Tú aún no me habías hablado del papá
de Julia y yo no sabía que le gustan los helados.

ALZABA LA voz por encima
de unos altos muros bajo los que
nadie atinaría a encontrar nunca
al prisionero. Y él, víctima del amor,
se mutiló la lengua contra toda opción
de obscena protesta.
Le puse un nombre: Tú te llamarás
niño bueno, y de cada
uno de tus ojos brotará eternamente
con distinta densidad el bochorno
luego de haber provocado prósperos finales.

Siempre caía la tarde con la mitad
de sus tareas inacabadas, y el poeta
acunaba a la hija: el amor más grande
era su venganza.

Con la misma mano que llevaba
a su boca por tapar el llanto,
escribía canciones que entona todavía.
Alzaba la voz por encima de unos muros
tan altos, tan capaces
de opacar la luz de todos los posibles futuros.

Fue un golpe certero, no hubo ocasión
de reprimenda.

Y sin embargo no deseo esta vida
si ella no está a mi lado.

No FUE un amor tan grande.

Tan imperfecto que sus aristas
puntiagudas encajaban
en otras cajas imperfectas.

Nadie planchaba las camisas
bajo nuestro techo,
íbamos demasiado deprisa.

Luego llegó demasiado pronto
el haberte querido.

Ambos poetas nos disputábamos
el cariño de la hija terriblemente
escrito en sucias hojas de guerra.

Un amor desesperado que,
después de varios años,
sólo dependerá el olvido
de lo que hagamos
con el dolor de los demás.

Septiembre es amarillo
como las anchas
llanuras de la tierra en que nací.

Yo quisiera
ser uno de vosotros, poetas,
pues a menudo soy quien trabaja
esos frutos con las manos.
Y dediqué un valioso tiempo
a escribirlo. A duras penas un gusano
logró encontrar su recoveco.

Mas nada queda ya de cuanto dije,
sino un rastro de odiosas palabras
que osan desmentir estos lamentos.

Y de cuanto amé,
me amó a mí, y cuanto aprendí
apenas si recuerdo a un muchacho tan joven
que pudo perdurar

y lo perdí para siempre.

Alejandra, hija mía, qué haré de mi tristeza.

Índice

Últimos títulos publicados:

Esta edición quedó dispuesta para la tinta
en agosto de 2024,
aguardan las tierras rojas
el amarillo color de los septiembres